SCHOLASTIC
News
Libros de referencia

Neptuno

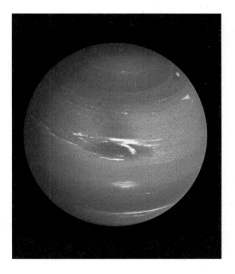

por
Melanie Chrismer

SCHOLASTIC INC.

New York Toronto London Auckland Sydney
Mexico City New Delhi Hong Kong Buenos Aires

Vocabulario para los grados 1–2.

Consultores: Daniel D. Kelson, Ph.D.
Carnegie Observatories, Pasadena, CA
y
Andrew Fraknoi
Astronomy Department, Foothill College

Especialista de currículum: Linda Bullock

Créditos fotográficos:

Photographs © 2005: Corbis Images/Hulton-Deutsch Collection: 17; NASA: back cover (JPL), cover, 2, 4 top, 5 bottom right, 5 top left, 7, 11, 19, 23 right; Photo Researchers, NY: 4 bottom right, 9 (Detlev van Ravenswaay), 4 bottom left, 5 bottom left, 15 (SPL); PhotoDisc/Getty Images via SODA: 1, 23 left.

Diseño del libro: Simonsays Design!

Originally published in English as *Neptune*

ISBN 0-439-87098-4

12 11 10 9 8 7 6 5 4 3 2   6 7 8 9 10 11/0

Printed in the U.S.A.   08
First Spanish printing, September 2006

Nota del editor:
En México y en EE.UU., se suelen poner comas para dividir las cifras de mil, pero ya que tanto en España como en la mayoría de los países latinoamericanos se usa el punto para este objeto, se ha optado por complacer a la mayoría.

CONTENTS

BUSCA PALABRAS

Busca estas palabras en el libro. Estarán en **negrita**.

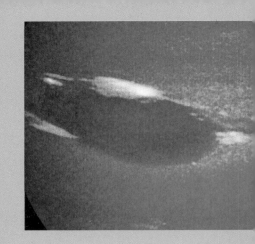

nube

científico

sistema solar

4

Neptuno

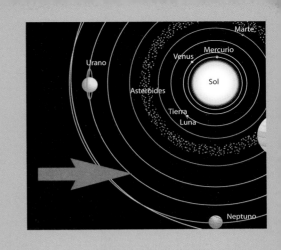

órbita

telescopio

Urano

5

¡Neptuno!

El planeta **Neptuno** parece azul.

Se llama así por el dios del mar de la mitología romana, Neptuno.

¿Hay un mar azul en Neptuno?

No. El color azul proviene de los gases que rodean el planeta.

En Neptuno no hay agua.

Se dice que Neptuno es un gigante gaseoso.

Júpiter, Saturno y Urano también están formados en su mayoría por gases.

Son los planetas más grandes en nuestro **sistema solar**.

Todos los planetas en nuestro sistema solar dan vueltas alrededor del Sol. Cada uno describe una **órbita**.

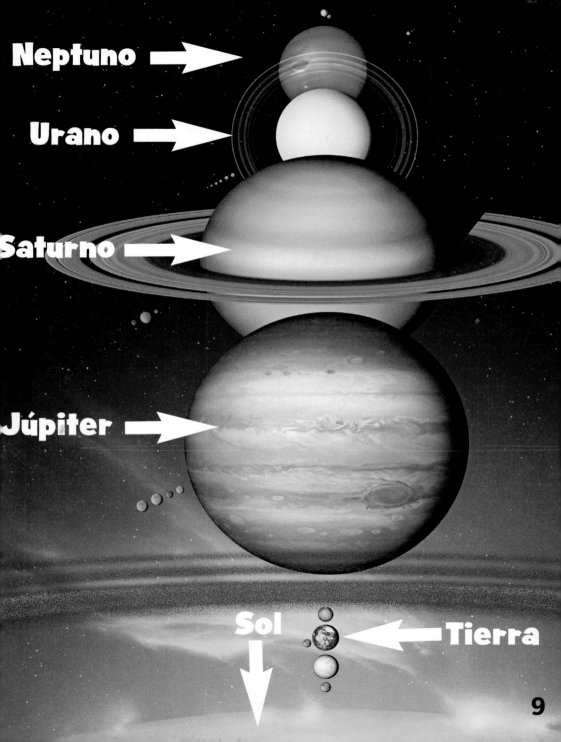

Neptuno ➡

Urano ➡

Saturno ➡

Júpiter ➡

Sol ⬇   Tierra ⬅

9

Neptuno es un planeta inmenso, frío, nublado y ventoso.

No tiene **nubes** de aire. Tiene nubes de gas.

También tiene los vientos más fuertes de todos los planetas.

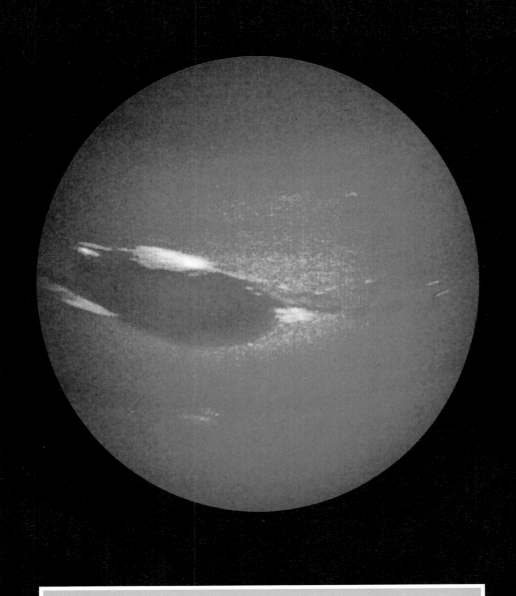

Los puntos rosados son nubes.

Antes de que los **científicos** descubrieran Neptuno, ellos vieron otro planeta.

Ese planeta era **Urano**.

Algo estaba cambiando la forma en la que Urano se movía alrededor del Sol.

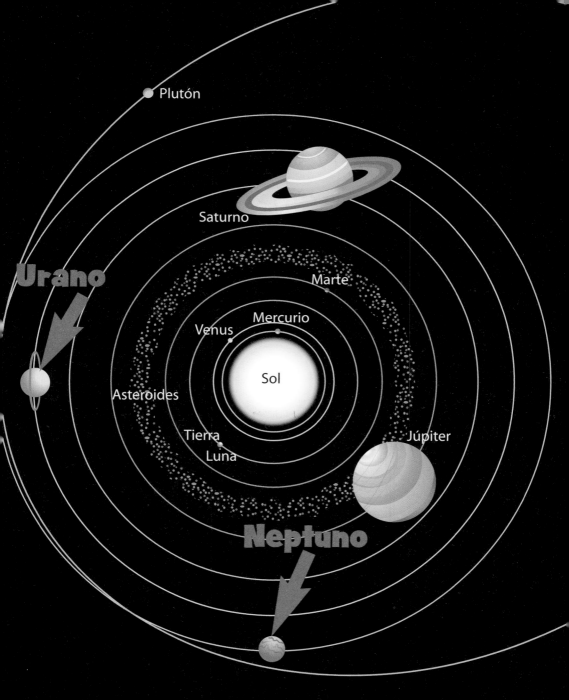

Plutón

Saturno

Urano

Marte

Mercurio

Venus

Sol

Asteroides

Tierra

Luna

Júpiter

Neptuno

13

Los científicos pensaron que la gravedad de otro planeta atraía a Urano.

La gravedad es la atracción entre dos objetos.

Los astrónomos buscaron el otro planeta con **telescopios**.

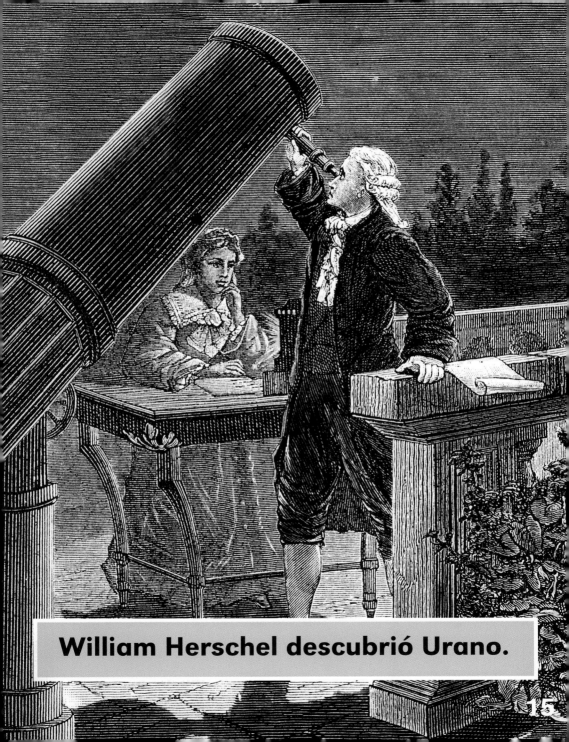

William Herschel descubrió Urano.

Los científicos también usaron cálculos matemáticos.

En 1846, los astrónomos encontraron el planeta que estaban buscando.

Lo llamaron Neptuno.

John Couch Adams hizo los cálculos matemáticos que permitieron que se descubriera Neptuno.

Neptuno fue el primer planeta que se descubrió gracias a las matemáticas.

Todos los otros planetas fueron descubiertos observando el cielo.

¿Quién sabe qué otras cosas maravillosas puedan descubrirse en el espacio?

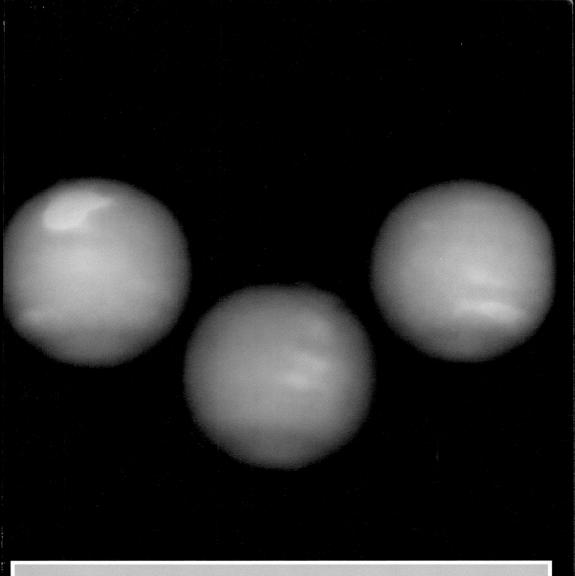

Estas fotos de Neptuno fueron tomadas desde el Telescopio Espacial Hubble.

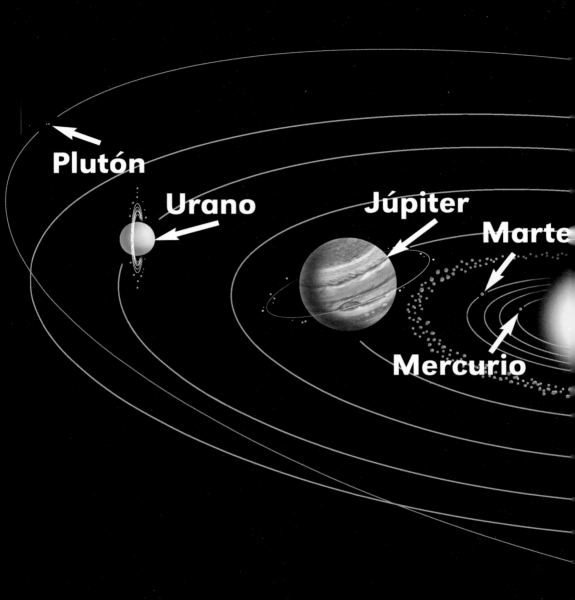

Plutón

Urano

Júpiter

Marte

Mercurio

NEPTUNO
EN EL SISTEMA SOLAR

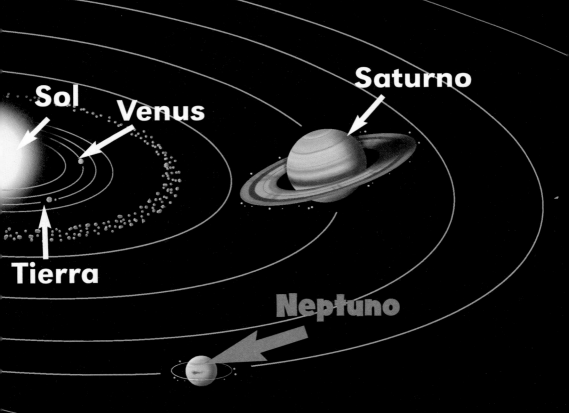

Sol

Venus

Saturno

Tierra

Neptuno

PALABRAS NUEVAS

nube: una masa que flota en el aire

Neptuno: se llama así por el dios del mar de la mitología romana

órbita: trayectoria alrededor de un objeto

científico: persona que estudia un tema mediante la experimentación y la observación

sistema solar: el grupo de planetas, lunas y otras cosas que giran alrededor del Sol

telescopio: un instrumento que se usa para observar el espacio

Urano: el séptimo planeta